JN439882

청어詩人選 192

텁텁이 인생

김동수 시집

도서출판 청어

텁텁이 인생

김동수 시집

시인의 말

서울대학교 농생대를 정년퇴직한 후, 5년의 습작기를 거쳐 65세 되던 2002년 6월, 2개 문학지에 시 부문 신인상으로 등단했다. 이후 시집 『새 생명을 위한 모정』(문학세계), 『깜장 고무신』(월간문학), 『황야의 쉼터』(월간문학)를 발간한 후, 이번 제 4시집이 될 『텁텁이 인생』(청어출판사)을 준비하기까지 시에 빠지다보니 제2전공이 되었는데 평생 사랑할 시는 민낯을 드러내지 않아 애를 먹인다. 또한 수 없이 쏟아지는 다양한 시론을 모두 아우를 재주도 부족 할 뿐더러 그 많은 시론을 다 따르자면 시가 안 될 우려마저 느낀다. 가까이 할수록 저만치서 웃으며 손짓하는 매력에 빠져, 그의 곁으로 다가가 오직 시인과 시가 한 몸이 되어 삶의 언저리를 살펴 서정을 바탕으로 될 수 있는 대로 짧은 호흡을 택하여 당신의 감추어진 실체에 가깝기를 염원하며, 쓰고 쓴 것이 그간 얼마나 컸는지 내용은 충실한지 궁금한 네 번째 시집을 내 놓는다. 독자께서 단 한편 한 연 한 행이라도 작가와 동감하는 부분이 있기를 바랄 뿐이다.

2019년 여름

白光 김동수

차례

2부 흔들리는 세상

3부 방앗간 새 떼처럼

4부 울어다오 청학아

1부

너도 덩 덕 개

당신에게

어느 날 문득
지난 세월 뒤져
들추어 살펴보니
고왔던 장미빛 젊음
먼지 쌓여 주름진
쭉정이로 변했구려

헌신과 희생뿐인
속내 깊고 마음이 천사인
당신에게, 사랑해요
고마워요 말도 못하고
큰 그늘이 못된 한이 커
늦었지만 새 불 댕겨
흰 분을 뒤집어 쓴 숯이
소슬바람에도 살아나는
불꽃처럼
낡은 둥지 따스하게
함께 지키며
진정한 여보가 될게요

산사의 고목

돌개바람이 장난삼아
비구니 고깔 벗겨
고목에 씌웠더니
무심결 받아쓰고
귀동냥 독경소리 높여
스님인양 뽐내본다

스스로 자랑스러워
발 아래 샘솟는
물거울에 비추어 본들
분수에 넘치는
허세일 뿐
신분이 바뀔리야

산새 품어 제격인
본디로 돌아가자며
달아난 바람을 부르고
산새도 다시 오라 애원한다

나무새 연정

누가 보아도
파리한 웃음으로
부리 벌려 노래하는
장대 끝 외로운 나무새

꿈결마다 훨훨 날아
별과의 짝사랑 꿈
뉘 알랴 마는

인생사 뜻대로 안되듯
연정에 겨워도
발목 가지에 걸려
날 수 없는 운명

밤새 흘린 눈물 고드름은
님을 연모하는
참연한 아픔의 결정체
파리한 영육의 연서이리라

알몸 예찬

부끄럽고도 자랑스러운
미소녀 망울이더니
개방된 은밀한 곳
다디단 하혈 준비해놓고
암내 풍겨 부름에
온갖 잡것
분홍 홑치마 속
건드려 간질이며
붐벼 나든 후

그녀는 몸을 닫았고
낙화란 이름 붙여
붉은 치마며 노랑 단속곳
죄 벗어버린 알몸
어찌 음탕 일까보냐

이 강산 더 푸르게
종족을 이어갈 식물
번식 본능 아니더냐

누가 먹어도 좋다

잡것들 수시로 나들더니
새 옷 입은 지 며칠 만에
급기야 노랑치마, 속곳
몽땅 홀랑 벗더라

쩍 벌린 가장귀 사이로
은밀히 숨겼던 오동포동 속살
겁 없이 과감한 노출

헤픈 매음녀로 착각한 수컷들
정분났다 말하지 마라
는실난실 굴 일은 더욱 아냐

아직 어려 설익은 나
맛보기는 좀 이르니
주체 못할 욕정으로
야음에 기어올라
장대 뻴떡 치켜 뻗쳐
똑 따먹지 말고 참아주오
훗날이 많고 많으니

토실토실 말랑말랑 발갛게
속까지 한껏 성숙하여
붉은 액 터져 흐르기 전
나를 침 삼키던 이들
이젠 마음 놓고 신나게
누가 먹든 다 좋아요

이런 나 누구냐구?
이름이 홍시(紅柹)어요

좋은 아침

신혼 방 엿보던 달이
무엇을 봤관데
오줌을 지렸나
터앝 꽃잎에
은구슬 방울방울

이불속 다녀온 바람
무슨 말 전했관데
꽃보라 분분한 울안
잉태의 낌새 느꼈나
이름 모를 새
울안 가득 축하의 노래

종족 번식

숲에 에두른
밀폐된 덧문
서면 눕고
누우면 서는
생명의 고향

수만 군사 거느린
곧추선 장군
허가 난
비밀의 문 열어
만물의 영장
씨를 뿌릴 참

비밀은 없는 것
영창 저 너머
밝은 달 낄낄

마네킹

깡뚱한 치마 속
알몸이 아슬아슬
삼각 걸친 샅은
밑천이 불룩

보여줄 것이 알몸인지
천 조각 한 장인지
쇼윈도 유리 성안
수치심에 겨워
먼산바라기로 손님 맞는
무표정 검은 이방인 가족

허영을 부추기는
차마 못할 이 짓
언젠가 기회 보아
현란한 감옥 박차고 나와
반 나신이 정상인
더운 고향땅 찾아가
남의 눈치 안보고
보편적 삶 찾자한다

재탄생의 씨

우주에서 비롯된
한시적 육신 뉘어두고
육계와 현계의
연결고리 알고자
시간을 주름잡아
생명의 시원으로 떠난 영

인류의 탄생 이전의 시기를 거쳐
태어날 차례로 줄선
후손을 만나보고
우주 속 생명의 기초인
소용돌이 에너지로
시간도 녹아 갇힌
블랙홀 스쳐지나
언제고 재탄생될
있음도 아니고
없음도 아님으로
그 좋던 지구별 그리며
다음을 기다리는
어느 태양계속
생명의 씨

단상 한 토막

그 시절 변사가
울리고 웃기던
흑백영화 처음 보고
자장면 맛도
첨 봤다는 자랑
한없이 부러워하셨다

풋보리 익기 바라시던
날피 그 여인은
봄나물 듬뿍 넣어
풀떼기 끓이실 때

윗목은 차가운데
따스한 아랫목
철부지 옹망추니의
허기가 누워있다

지독한 보릿고개
못 넘고 가셨는데
하늘 길 아득하여
모실 수 없는 현실에
흔한 자장면 앞에 놓고
젓가락 무겁다

추억 한 토막

소쩍새 울 무렵부터
북두성 기울도록
다듬이 가락 고왔고
옥양목 단 벌
한나절도 안 되어
더럽혔던 철부지

꾸중 않던 어머니에겐
또 다듬이질로 이 밤이 짧은데
귀 익은 또 다 닥 그 가락에
아랫목 잠 곤했던 시절

기억 한 토막

풋 보리쌀 남새 한줌
묽은 죽 끓을 때
소년은 이미 허기 잠들어

개다리소반 가득
흰 쌀밥에 진수성찬
푸짐히 먹던
꿈결의 기억 한 토막

매나니 밥 한 보시기로
허겁지겁 연명하던
깡말랐던 그 아이의
아직도 살아있는
기억 한 토막

낙화암

쌍무지개 뜨던 날
분홍치마 꽃 사태 낙화
목이 긴 물새 안내 따라
넓은 바다로의 긴 여행

화복이 지난한 사세
수탉 홰치며 우는
새벽은 오리라며
지워진 이름 찾겠노라
후일을 다짐했으리라

먼저 떠난 임
눈물 질까하여
쇄루우*를 생각하며
재탄생의 꿈을 안고
꽃송이송이 강물 따라
재회를 하냥 다짐하며
생명의 본향 바다 향해
백마강에 떠서 갔다고
오늘도 물새 목이 쉬도록

그날을 이제껏 외쳐대지만
고란사 고란초 홀로
고개 끄덕일 뿐
슬픈 역사 귀담아 듣는 이
몇이나 될까

* 쇄루우(灑淚雨) : 견우와 직녀가 오랜만에 만나서 흘리는 눈물 비

인생행로

참 분주했는데
수확이야 많건 적건
잠시잠깐 생인데
그새 전과 다른 기력

해 기울 무렵
노송 밑 쉬어 가렸더니
따라잡기 버겁게
저만치 달아난 그늘

땡볕에 빛바랜
입만 남아 웃는 달도
만월로 가는 길
멈출 수 없다하니
이제 알겠노라
육체라는 그릇에
나이가 넘쳐흘러도
인생행로엔
쉬어감이 없다는 것

물

청산에서 태어나
청렴한 심성 지녀
생명을 키우며
채우며 대지를 흐르는 물

옹당이는 물론
호수 구석구석
다 채우고 넘쳐흘러
한바다에 평등한데

배부른 너희들
빈손 이웃 한번
채워 본 일 있느냐

너도 덩 덕 개

할 일 없이 떠도는
비루먹은 덩 덕 개꼴에
주절이 널려 펄럭이는
빨래줄 위 넝마 따위
흉이라 짖어 참견 말고
네 갈길이나 가렴

모두 분주히 뛴 덕에
보릿고개 넘겨
이만큼 살만한 세상
건장한 체구
무슨 일인들 못 할까만
게으름 올가미에
자진 유폐된 데림추
하루 허송 마치면
누더기 끌어 덮고 잘
너 또한 덩 덕 개

산을 내려오며

오를 때
웃어주던 꽃
하산 길에
다시 보자 했더니

어느 누구 발에
무참히 밟혔나
허리 꺾여
울고 있구나

노인 표 별곡

살피 묵정밭
꽃씨 뿌리고
늙은 손 터는 소리
불끈 불쑥 솟더니만
그새 오색단청
꽃 궁궐 되었고야

그 궁궐 안
왕 안경 풀무치 너
계절 옷 차려입고
오색 격자문 열고 나와
풀벌레 소리 맞추어
풍요의 계절을 한껏
협연하는구나

바삐 오가는 군중
가슴마다 기쁨 가득
아름아름 담겨주는
노인 표 별곡

불 속에서 소멸과 재활

시체의 배를 열어
내장 꺼내 살피더니
교체되는 장기
이내 살아
말과 노래가 술술

고장 난 인간은
그럴 수 없어
그를 시샘 했는데

시체더미에
버려진 심장은
불구렁에서
살아나는데
우린 불꽃 속에서
사라질 일회성 육신

폐물로 버려진 내장
불꽃 자궁에서 재활하라
송장 수레에 보탠다

2부

흔들리는 세상

임을 향한 마음

어버이 그리는
괴로움으로
두 분이 계신
천국을 향한
눈물마저 말랐고

얼른 가면 안 되는 곳이라
재회의 시간을 늦춤에
거짓 그리움 되었지만
떠나신 그날부터
흰머리 지금껏
간절히 비옵니다
천국의 새로운 삶으로
못다 한 행복
즐겨 누리십사고

문 없는 문

그 문에는 단 한 번
들 수는 있어도
들명날명이 없다
밖에 머물 땐
행, 불행, 희망, 절망 뒤범벅
지지고 볶아대도
참 살만한 곳

한 번 들면, 영
돌아올 수 없기에
누구나 꺼리는,
그래도 언젠가 들어갈
금생과 이생 간의
설주 없는 무형의 문

격렬한 결전

음흉스레 은밀히
침투 후 생명을 갉으며
알듯 모르게 괴롭힘
늦게사 알아냈다

전선을 예저기 넓히는
적의 본성 차단하고자
대장(大腸) 일부는 작전상
조기에 잃는 희생 있었지만

사랑하는 아내의 지극 정성과
혈족의 도움에 힘입어
곧 편히 쉴 날이 도래했으되
죽음의 문턱 앞에 슬퍼하지 말자
낙심하던 마음 되돌려 다잡아
잡아끄는 저승사자 밀치고

아름답고 보람찬 날
떠올려 생각하며
항전의 명수인 명장의
전술 따라 협력하여
운명을 건 항전으로
결국엔 소멸될
암이라는 잔당과 대적
격렬한 불굴의 투지로
승리 향해 결투 중

영원의 길

이 목숨 다하면
영혼은 천계에 오르고
뼈는 부토로
흙에 회기하고
살은 물에 보태어
하늘땅 오가며
만남과 헤어짐 반복으로
대지의 생명 아우를 지니
영원한 생명의 뿌리로
모든 생명과 함께
녹색별 영원하리

문병

불꽃 솟던 생의 애착
그 어디에 버렸나
그림자와 육신을
시트에 포개 놓고
영혼은 빈번히
어디엘 다녀오는가

천선(天仙)과 어울려 쉴
천국 누각 둘러보고
낯익힌 천상의길
떠날 채비 마치었나

영혼은 또 외출중인지
안온한 그 모습 천진함에
붉힌 눈시울 보일 수 없어
등 돌려 서있다 갔다네
친구야

그가 가던 날

한때 잘 나가다가
너덜겅에 미끄러져
빈손이라는 그는
늘 얼굴은 웃고
가슴은 운다

행복은 맛보았다고
허허허 안온한 웃음에
몸에 밴 봉사정신에다
마음씨 또한 천사인
추레한 행색의
네뚜리 늙정이

쌈지에 장례비 한 푼 없어
다정한 삼이웃에
날피육신 짐으로 남겨
미안하다는 말
흐리마리 마치고
먹빛 혼기 삽짝문
웃으며 나설 때
비는 내리고
그를 에워싼
성당의 종소리 따라
하늘 높이 오른다

생명 그 후

이승에서 벗하던
희로애락 버리고
생명을 반납하면
누구나 있을
크고 작은 죄

단단히 결박하여
함께 깊이 묻히면
진토되어 영원히
세상에서 사라질 테고

참회를 마친 영혼은
영원의 궁전에 들어
영생할 진저
안 그런가 친구야

보기 드문 입맞춤

푸른 전설 흐려지고
주위가 오므라들더니
백년해로 멀고 먼데
찌들어 갭직한 날피
내려놓은 질긴 인연

불 바람 거세어
출구 찾아 빙빙 도는
무지갯빛 혼기
골분에 깃들어
구만장천 하늘나라
꿈의 화락천에
무량겁 편히 쉬시라
새하얀 골분 함에
재회의 약속 담아
가슴 찡한
보기 드문 입맞춤

생의 끝자락

참된 삶 찾아
앞만 달리다가
어느 순간 반환점
돌아선 줄 모르고
아린 길 내달은 생
꿈을 향한 노정엔
달고 쓴 삶도
행복이었는데

나잇살 포갬포갬
머리칼 희도록
크고 작은 족적 찍으며
맨손의 시발점으로
멀고 먼 역주행

천진난만한
어린이로 돌아온
미완성 생애가
앞가림 힘겨워도
인자한 어머님 모습의
마주볼 사람 아직 있어
한껏 겨운 행복이라오

노숙인

막걸리의 힘 빌어
이매에 홀린 듯
공원 둔치에
황천 냄새 풍기며
무덤인양 누운 사람

세월이 서리어 앉은
이맛살 속에
감추어진 고뇌랑
외로움 씻기 위한
밤새 감로욕 마치고
성큼 걸어 나와
제 정신 차리길

어쩌려고

높일수록 불행한
행복의 기준치
바닥에 내리라 했건만

하나뿐인 제 얼굴
여럿으로 바꾸어
갈취한 날것 뜯은
붉은 입술
몰래 닦아 내어도
숨겼던 거짓의 중량에
가면이 벗겨지어
그예 민낯이보이면
비난의 눈총 어쩌려고

변방의 풍경

입부리 놀려 사는
희멀건 철새 몰려와
진정 위한다는 어조로

삶의 질 백세건강
어쩌고저쩌고
잘 다듬어진
말잔치 끝머리
눈시울 적시는
천연덕스런 생가면

실속은 없는
상자 더미 앞에
계획된 촬영 찰칵
제 얼굴 크게 담아
벽에 붙일 그 자료가
허탈만 남기고
황황히 날아간
연말연시 변방 풍경

신파극

막이 오르면
전철 긴 꼬투리에서
깨알처럼 쏟아지는
이 땅의 주역 배우들
그중엔 심청 춘향 흥부도 많고
놀부 변학도 뺑덕어멈들
수없이 많고 많은데
모두 양의 가면이라서
가려내기 어렵다나

그들의 정식 무대 뒤의
별도의 비밀 무대
예서제서 불을 켠
놀부 심보
미친 망나니 날뛰고
변 사또 음탕 뺨치는
행포 막이 내리고 나면
관중석에선
오라지울 악역 배우 잡자며
뒷북치기 시끌벅적

어사또 어디 있소
주릿대 썩었느냐
볼멘 군중들 추임새

이따위 못된 배우
쓸어 없애라, 설자리 치워라
건전한 새 막만을 올려라
예저기 볼멘 함성

엇 사는 이

바로 나는 새를
뒤집어 날고
뒤로 난다하는
엇 사는 이의 눈

정의를 뒤집고
도덕을 짓밟기가
일상이 되어버린
엇 사는 이의 마음

진실을 허위로
허위를 진실로 꾸며
저만을 위한
남을 울리며 사는
엇 사는 이의
일상이 된 그릇된 짓

담벼락에 붙은 그는
상냥한 얼굴로
남보다 더 잘 웃는다

흔들리는 세상

산책길에 무심코
들여다본 호수 거울
하늘을 치솟는 숲
무게를 자랑하는
뿌리 깊은 바위도

실바람 심술에
명경 같던 고요의
호수 속은 온통
삽시간에 흔들흔들

그 약한 바람에
호수 둑 걷는 나도
어쩔 수 없이
거꾸로 흔들흔들
이 나약함

이런 사람

좋은 말의 달인
속임수의 달인
지성의 허울 쓰고
준비된 계교로
남의 재산 제 손에 슬그미

점잖은 척 허세에도
지은 죄 탄로 날까
가슴 졸이는 늘그막
인자함 가장한 가면 속의
다들 아는 검은 속내
잘 숨겼다는 자신감에
주위의 차디찬 눈초리
본인만 몰라라

빈손으로 가야할 생
벌 없는 죄 없을진대
저승 부름 호명 시에
마음일랑 편안할까

부전자전이라더니

정수리까지 가득 찬
무절제 덩어리 그 인간
곤자소니* 숨듯 숨어
무작위로 보쟁이더니
내지른 새끼들도
보고 배운 것 어디 가랴

주색잡기로 파방치곤
천륜이 다 뭐야
서푼어치 차지하려
부자간 칼부림 끝에
철창신세 마땅하지

---

* 곤자소니 : 소 창자 끝에 달린 기름기 많은 부분

사기극

생의 무대에서
잘못 늙은 배우
떠도는 거짓
주어 모아들고
진실인양
약속을 유도한다

거짓을 모르고 사는
순수한 관중은
무대를 향한
눈과 귀 잠시 열다가
닫아버린다
속셈을 알기에

조명은 곧 사라지고
막은 찢겨 내린다
보이지 않는 고리가
걸렸다가 사라진 것
아무도 모른다

속이기에 앞서

남을 속이려거든
한번쯤 호되게
자기 먼저 속여보라

이웃을 속이려거든
떠올려 보라
따돌림의 괴로움

친구를 속이려거든
상상하라
평생 외로운 삶을

할멈의 욕 보따리

북적거리는 시장통
노파가 들고 가는 보따리
엇 찢긴 바둑이 그림 입으로
바나나가 들락날락
또각또각
뾰족구두 아가씨
무엇을 상상했는지
졸졸 뒤따라
볼 불그레 가슴은 콩닥콩닥

귀태마님 수통하여
왼고개 틀 즈음
낡은 수캐도 성희롱 나섰다나
누군가 꽈배기 엇 말
성폭력 난무하는
개 같은 부류 나무라듯
군중 속을 사뭇 누비는
여겨볼 구태 할머니의
찢어진 그 욕 보따리
우연이 아니었네그려

3부

방앗간 새 떼처럼

그의 방식

그의 삶에
불가능이라는
때 끼면 안 돼
허욕의 싹일랑
잘라 버리되
너무 도드라져도
못쓴다며
희망의 조각
기움질로
차근히 다져갔느니

본인은 아직
멀었다 할 때
웃음 속 소박한 삶
타인의 눈엔 벌써
행복으로 비추네

그는 무엇을 봤나

부처님 손끝에
앉았던 나비
불자 머리 위 몇 차례
불당 안 몇 차례
돌고 돈 후
어디 있나 했더니

부처님 손가락 방향
창공으로 멀어지는
하얀 점 반짝반짝

님의 극락왕생 축원하는
절 절(拜) 배 배(倍) 마치고
그 별 안보일 때까지
눈길 따르더니
밝은 표정의
짝 잃은 노온*

---

* 노온(老媼) : 늙은 여자

추일 단상

호기 있고 발랄하더니
스스로 지친 여름이
급기야 이우는가보다
호젓한 달빛 아래
찬바람 이는 저녁

울음에 가까운
풀벌레 네 노래에
여름을 거의 허송한
후회에 젖은 눈시울
들키고 말았다네

호방무적 같던
뚝심만 믿더니
어느새 멱이 찬 몸
화려한 환생을 꿈꾸며
자기가 자길 가두어 보호할
고치(관)를 맘 준비하지만
코앞 엄동에 너나나나
당장 안위가 염려되네

이 봄도

대지를 덮어 얼린
흰 이불 걷어 내고
이산 저산 불 질러도
무죄라 한다

선남선녀 꾀어내도
미워할 이 더욱 없고
노랑나비 쌍쌍
애정의 춤판 벌이면
파랑새도 종다리도
높이 솟아 목청 높여
분홍노래 날리고
두견화 만발한 산천
제 흥에 어깨춤 들썩

해거리 없는 이 봄은
굳고 질긴 토박이 민족
혼을 담은 긴 역사를
또 이어가려 왔다네

이슬 우러르다

자칫 떨어지기 쉬운
풀잎에 영롱한 은구슬
추락이라 말하지 마라
새들새들 푸나무
생기 주는 일 아닌가

사라졌다 함도
맞지 않는 말씀
방울방울 어울려
천만금도 못 바꿀
생명수로 내려
수많은 지상의 목숨
살려줌 아닌가

상승 낙하 반복은
뭇 생명 위한 일
내 널 닮지 못해
우러르는 까닭이다

고인돌

천만년 켜켜이 검버섯 바위
연세 높으신 노송군락
팔달산* 고인돌께
태고 적 당신
누구이십니까
묻자와도
아무 말씀 없으시되

살기 좋은 Happy 수원
내 일찍이 알아
정조대왕 효심작
화홍의 일곱 물줄기 콸콸
서장대 봉돈 연무대
수십의 보물 두루 갖춘
광휘의 세계문화유산
수원화성 수호하려
일찍이 터 잡은 토박이니라
이름 모를 산새 목청 빌어
방문객 귀 쟁쟁
고결한 선사 적(先史 的)말씀

---

* 팔달산 : 수원 시 에 있는 산

독백

생량머리 갈대가
어인 생각으로
사각사각 부르기에
끼어들어 함께하니
내 정수리 흰 꽃
그와 구별이 안 되네

앙상한 팔다리
바람 따라 휘저으니
이 몸도 갈대인가

그러구나 지난 삶도
휠지언정 꺾이지 않는
휘청휘청
너희들 닮았다는 독백

교감

해 돋는 이른 아침
산책길에
귀 밝아 알아낸
풀들의 초록 함성

들새 가족 조잘조잘
오늘 할일 의논할 때
예민한 귀에 들려온
산(山)꽃의 함박웃음 소리
시선이 마주치자
수줍어 고개 숙인
제비꽃 낭자

외진 곳 홀로 바위
위로의 말 건넬 무렵
다람쥐 이른 식사
방해될까 염려되어
숨죽이는 발걸음

학배기

올챙이 개구리 되어
뭍으로 떠난 웅덩이에
검은머리 희도록
우물쭈물
시기를 상실하여
짱아가 된 몸
헛웃음으로 홀로
학배기로 산 늙음

동천(冬天)을 이고
새봄 기다려 버티는
벌거숭이 나목에
비유된 늙음이라

그가 사는 법

분주한 일 마치고
댓돌에 앉아
긴 하루를 자축하려
술잔에 뜬 달을
난황인양 마신 다

온몸에 퍼진 달

얼굴부터 붉은 몸은
하늘을 유영하는 자유다
제자리 돌고 도는
지구의 자전
몸으로 인식하며
내일을 설계하던 그는
피로를 잊고자
스스로 터득한
위안의 술(術)과 술(酒)이었다

방앗간 새 떼처럼

노동의 고달픔
풀어보려 들르니
계도 삶의 몸부림, 그
목로주점 매미 울음

주머니 뒤져
오늘의 피로 덜기 위한
탁주 한 순배 도니
함께 울어주며
서로가 달래더라
시름이 가시는
재충전의 시간

돌아가야지 어서
목 빠지는 식솔에게

가슴에 눌러 박은
희망의 말뚝
어루만지며
왁자그르르
몰리어 나온다
넉넉한 마음의 참새 떼

텁텁이 인생

생의 굽이굽이
공존하는 고통과 행복
슬픔과 기쁨
겸허하게 받아드리되

그 혼잡 속에
마음의 행복 만들며
행, 불행 싸잡아
옳게 다스려
다툼 없이 올바로
밝게 살아가는 거다

두상에 서리꽃 필 때쯤
분수껏 텁텁이로 살았던가
예까지 끌고 온
갈피갈피 접힌 세월
한번쯤 뒤돌아 볼 일이다

망석중이

맞으며 살던 때가
가장 좋은 시절
모질게 매 맞아야
살 수 있었다
쓰러지지 않으려면
많이 맞아야 해요
빙판에 죽어가는 그는
채찍을 더 맞아야 산다
외로 맞으면 외로 살고
우로 맞으면 우로 사니

명줄이 남의 손에 달린
줏대 없어 불안한
선량아 망석중이처럼
맞으며 당하여
맷가마리*로 보이는 신세
과감히 벗어나
얼음 녹은 땅에
새 뿌리 뻗어 우뚝 서서
튼실한 이전 모습 나무로
찬란히 번성하고 싶단다

철부지의 노리개로 살아온
팽이란 이름 버리고

* 맷가마리 : 매 맞아 마땅한 사람

귀소

원 고향이 어디요
맑디맑은 민물이요
민물 중에 무슨 민물
아름다운 청정 하천
그중에서 어느 하천
강원도 땅 남대천

어디에서 살았느냐
태어나자 강을 거쳐
한 바다에 살았지
오대양을 누볐다며
무슨 일로 오셨나요

머- 언 기억에서 꺼낸
금수강산 산수 좋아
저승길 마다않고
사랑도 번식도
처음이자 마지막
대 잇고자 왔다오

마음하나로

마음 하나로
죄인일 수도
선인일 수도
악인이었다
성인으로도
천인이가 하면
귀인도 되고
치욕스런
욕가마리이거나
사후 천만년
추앙 받을 이름도
정말 마음하나로

구두 발자국

우리네 인생
시련의 연속으로 살 듯
불안한 한 송이
풀 섶에 제비꽃

눈 속에 준비된 싹
솟을라치면
발길에 채이고
밟히면서도
끝내 꽃을 피우는
그 작은 꽃잎에
지울 수 없는
애처로운 그 상처
생명 다하도록
한으로 남은
구두 발자국

불행한 몽리

욕심이 수렁에 밀어
안개속의 부박한 삶
영욕과 힘겨루기에
평생 바빠
지금이 언제쯤
어디쯤일까

무한소유욕에
친구도 이웃도 잃고
마음 가난을 걸머지고
평생을
금전관리만 하다가
자식들
다툼의 불씨로 남기고
떠나는 불행한 몽리

어느 곤충처럼

어느 곤충처럼
네가 먹히면
내가 살고
내가 먹히면
네가 사니
나는 너 너는 날
서로 먹고 먹히는
그 잔인함

인간세계에도
그 같은
암투가 만연하니
녹색별은 온통
보이지 않는
살벌한 싸움판

도담 3봉*

천년만년 그 물이 아니어도
천년만년 흐르는 강물

천년만년 그 물새 아니어도
천년만년 들리는 노래

천년만년 그 어부 아니어도
천년만년 던지는 그물

천년만년 그 돛배 아니어도
천년만년 떠있는 놀잇배

천년만년 3봉이어도
천년만년 토라진 처봉

천년만년 세월 흘러도
천년만년 절경이로세

---

* 남한강 도담 3봉은 가운데 가장 큰 장군봉 곁은 첩봉, 좀 떨어진 봉은 처봉이라함

옛님 새삼 감사합니다

지구상에 발생한
생물 유전자의
끝없는 발전으로
초기 인류 발생 후
어림잡아 70만 년 전 경
한반도에 첫발 디딘 북방계

그들의 후손이
아직은 언어가 없어
손과 발 몸짓으로
소통할 때 따르는
길고 짧은 높낮이
음성조절이 다듬어져
말로 변했을 터

긴 털이 온몸을 감싸
은밀한 곳 잘 가려지니
이목구비 또렷한
얼굴의 턱수염과 유방으로
남녀 구별 했을 것이고

아직까지 네 발의
짐승인 듯 인간
개체가 늘어나니
짝 찾아 헤맨 일은 옛일
부부개념 없는지라
자연스런 혼숙으로
아비는 모르지만
어린 어미는 내 어미
이애 어멈 재 어미 다른데
어느 강한 유전자인지
예저기 토굴 입구 옹기종기
애도 재도 닮은 얼굴이
꿰매 두른 모피에 따라
각기 다른 짐승 모습의
똘똘한 털북숭이 강아지들

거추장스런 긴 꼬리
시나브로 없어져
네발로 기던 털북숭이
잘 익은 과실 따려
높은 가지 잡고 서서
한걸음 두 발짝,
이를 보고 애 어른 너나없이
따르니 초유의 직립동물이라
앞발은 자연히 손이 되고

삼시 세끼란 없던 시절
합심 사냥한 짐승 둘러서서
좋아라
전에 없던 새로운 몸짓과
신나는 기쁨의 괴성
좋아라 덩실 더덩실
춤과 노래 동시 탄생

거추장스런
키 만치 치렁한 머리털
배꼽 닿는 수염일랑
돌칼로 잘라
초유의 몸치장
한 인물 내고
돌도끼 만들던 중
튀는 불꽃 보더니
부싯돌 생각 해내니
인간 초유의 발명품
불의 문명시작인데
후세 들어 그 고마운 불이
지구 나이 어린데
우리 태어난 지 엊그제인데
인류 없는 지구
생각만 해도 두려운
열 폭풍 번쩍

해골 구름 검게 피는
핵탄에 쓰일 줄 줄이야

털가죽 뒤집어
모양 갖추어 꿰매 걸치니
따스한 겨울옷의 시초라
자투리로 맨발 감싸니
짚신보다 구두가 먼저라

불 피워 데운 넓적 돌
입구 좁은 토굴 바닥 촘촘 깐
원조 온돌방
가득 채운 가랑잎 속
털가죽 깔고 덮는 잠자리
어둔 밤 토굴 앞 모닥불은
추위 막고 맹수 쫓아
보다 더 안전하고 따뜻하게
지옥겨울 무사했네

저녁연기 모락모락
불에 달군
돌 괴어 익혀 먹다
앗, 이상한 이 물은 뭐야
굳고 보니 쇠붙이이니
최초로 발견한 금속이라

인류 발전의 초석 그것이
후세 들어 대량살상
포탄의 재료 되니
물려받은 순진한 맘씨
영리한 두뇌와 지혜에
탐욕이 끼어 든 탓이리라

겨울 식량 모으던
낟알, 열매 흘린 자리
싹 돋아 맺은 열매
곰곰이 살피더니
농경의 시작이라

허방다리 만들어
생포한 큰새, 동물
알 까고
새끼도 낳으니
가두어 기르는
초기 원시 목축이라
삶이 좀 여유로워지니
우러를 대상
두려움의 대상 등
전할 생활상 생각들을
암벽에 암굴에
음각 표현해 놓으니

하등동물에겐 없는
고등동물로서의 지능
그것이 글의 필요성
역사, 신앙의 기초임을
꿈엔들 알았을까

아리송한 먹이 잘못 먹어
허약한 겅더리되면
자연히 도태되고
총명한 강자만 살아남은
멀고 먼 인류 조상
이만큼 제법 좋은
시대 일구어 사는 우린
그들 있어 나 있음에
잊고 살던 그분들께
새삼 감사한 마음이네

---

* 이 시는 고고학적, 인류학적 사실과는 무관한 상상일 뿐이다

4부

울어다오 청학아

울어다오 청학아

때만 되면
종이 다른 철새 떼
시나브로 몰려들어
아귀다툼 일 삼더니
입부리 다 닳도록
거짓부리 애정행각

아무것도 담지 못할
금간 자백이 울림 같은
제 말만 앞세운 뭇방치기
시끌벅적 나 잘났다
이 숲속의 두목은 나다
꼴불견 북새판에
끼리 코피 터지는 난투

할 말 잃은 텃새 어이없어
보고듣기 한심하여
몸서리치는 고목에
누구 있어 그들 몰아내고

청학은 언제 울어
화평의 사세(斯世)를 알릴고

상여 속의 노랫소리

맨살을 가린
배내옷 평생 입어
수의가 되던 날
오색만장 펄럭이고
여름내 예비한
가시 상여 속에서
노래소리 들린다

적을 피해 그가
지혜로이 위장한
거짓 송장의
희망가란다

겨울 넘기면
싹틔워 번성할
따스한 봄노래
연습이란다
밤송이의 말

물이 만든 불

몇 백억 년 전부터
몇 천억 후에도
보일 듯 없는 듯
알듯 모르게
정결한 손길로
대지의 생물 살리는
꽃잎에 예쁜 구슬

하늘 높이 올라
전기 먹은 구름으로
극과 극 맞닥치면
물이 불을 만들어
불꽃 순간 번쩍
그 불의 씨를
핵 알갱이로 농축하여
허투루 잘못 쓰려는 직립동물
창궐하는 과욕으로
지구가 깨질까 하여
자성하라는 머리 위의
경고성 변죽울림

상냥하고 엄한 두 얼굴
법의 손도
만홀히 다룰 수 없는
영겁의 생명소
널 닮지 못했기에
우러르는 까닭이다

바람과 불

그들은
천사와 악마의
두 얼굴

불의 동태를
주시하는 바람
잘못 덤비면
더욱 성할 것이고
보고만 있자니
스스로 죽을 것
빤하기에
적당히 화합해
균형을 이룬다

우리 삶에
참 필요한 그들이
합심하여 난동을 발하면
재앙을 몰고 오는
그 바람, 불
항시 경계하며
사랑해야하는 존재

낙화의 설경

비 갠 뒤 만상이 선명하고
꿀벌 군졸 거느린 벚꽃
공원에 만발하니
바람결 따라 춤추는
노랑 원피스의 개나리
꽃비 속 새 금잔디에
아름다운 꽃잎 폭설
밟히고 채이는
낙화의 설경 천국
상춘객 환영의 함성

간밤에 내린 봄비
대지에 스미니
이미 예감한 풍년에
후한 인심 돌고
절로 즐거운 노래
이 강산 만백성
봄부터 가을가지
왜 아니 즐거운가

화려한 이별

깊이 맺은 인연
다 할 무렵
푸른 잎에 감싸였던
그는 더욱 강건했기에
찬바람이 산천을
울긋불긋 수놓고
겨울 재촉하는 가절
무엇을 바라 머뭇거릴거나

애초에 맺은 인연
다 하였거늘
깊은 정 못 잊어
한 몸이던 임께
눈인사 남기고
윤회의 천리(天理)를 좇아
함께였던 생의 질곡
털어 버리고
미련 없이 흔쾌히 춤추며
낙엽이란 이름 달고
떠나는 안식의 길

눈물

행복을 안긴다던 약속
이루었던가
오금저릴 짓
가리고 살펴
멀리도 함께
걸어온 길

삶에 소용돌이
잠잠해진 지금
포근한 침구 속
서로 몸 데우던 다정

눈물 흘릴 일
절대 않겠다더니
꽃송이 시들도록
젖은 손수건
몇 개 째더냐
저 멀리 요령소리
남의 일 같지 않네

미친개가 나오는 입

말하기 두려움은
입에서 나온
양같이 순한 말이
말 꾼 귀를 거치면
호랑이 발톱의
미친개 되어
입으로 나오는
그릇됨이
난무하기 때문

듣기도 어려움은
어느 달콤한 말에
독이 숨었는지
비수가 들었는지
가려듣기 어려우니
말로 어지럽히는
말꾼의 세상 될까
염려되기 때문

세탁기 돌리다가

모두가 무상량(無商量)* 시절
수정냇물 빨래터의
허욕이 접근 금지된
아낙들의 머리 위
윤슬처럼 반짝이는
나비들의 가댁질*
불신이 판치는 요즈음
눈 씻고 찾기 힘든, 그
곱던 인정 맑은 세상
되돌릴 수 없을까

---

* 무상량(無商量) : 비교해 득실을 계산하지 않음
* 가댁질 : 서로 피하고 잡히는 아이들의 장난

그는 배운 대로

달빛 목욕 마친
고운 그 꽃 즐길 줄 알고
산새들새 맑은 소리로 울 때
숲으로 에둘러 쌓인
눈자위 넘치는 이슬
기쁨인지 슬픔인지
여린 소녀의 속뜻
뉘 알랴만

몹쓸 악이 판치는
세파 속 헤쳐가며
어려서 배운 대로
고운 마음 곧게 자라
항상 푹한 삶으로 살데

귀환

비바람이 시나브로
시간을 갉았다
돌부처 깎인 분진
노송에 쌓여
어깨가 무겁다네

어느 불심이
천만년 염원했던
걸작이 수명 다해
긴 역사 마감 직전까지

위안을 얻고자
이미 사라진 미소 앞에
합장하는 발길
끝까지 맞아주며
돌 본연으로 가고 있는
희미한 모습의 석불

벗어나고파

곱게 단장한 정원수들
남의 예술 제 몸으로 말하고
한껏 인공미 뽐낸다 마는
새들도 둥지 틀지 않아
외로움 앓는 정원 숲

정원사 손에서 벗어나
본연의 자연미 되찾고
뭇 생명의 보금자리
편히 제공하면서도
잘난 체도 자랑도 않는
산과 들의 너른 가슴
늦었지만 한뉘 닮고자한다

영원한 비밀

산골짝 찬바람에
발름거리는
고름 풀린
선바람 홑적삼 속
땀범벅 알 가슴
불그레한
부푼 몽우리가
첫 바깥세상
꽃구경 할 때
얼굴 붉어진
목화밭 아가씨

활짝 웃어 반기는
담황색 목화 외엔
아무도 본 이 없고
적삼고름
풀었는지 풀리었는지
그날 괴춤 추키고
사라진 이 누군지는
천국에 분이만 아는 일

시골 밤의 한 때

풀벌레 기본 박자에
새들의 지저귐
코러스로 와 닿고

바람이 나뭇잎 흔들어 내는
마라카스 소리
그 시절 이곳에서
함께 즐기며 살았던

어릴 적 철부지
소꿉친구 순이가
다시 생각나는
이 밤도 별빛 찬란한
한적한 그 시골 숲길

그때 그 달밤
너럭바위서 듣던 하모니
아직도 그대로인데
곱게 늙었을
맘이 통하던 순이 걔도
언젠가 들러 옛 생각하며
회상에 젖었다 갔을 거야

미물이 되고 보니

가파른 산
버금 차게 올라
정복했다 했는데
드넓은 하늘아래
산 산의 파도

그 광활한 우주
틈새의 나약함
새삼스레 깨닫고 보니
하찮은 미물 되어
사람 사는 소리
더욱 그리워
멀고 험한 내리막길
더더욱 조급함이여

밍밍한 삶

칠칠치 못 해서인가
법칙을 몰라 설까
가득히 채우려 해도
그럴 능력 없어 곤고함이야
문제 될 일 아니라며
목구멍에 주망
없을 만큼의
밍밍한 삶의 맛
참맛으로 여겨
살았다네

숨은 까닭

험한 세상
진작 알았기에
보고 듣고 말하기
아예 싫어
이목구비 없이
조용히 살겠다며
보는 이 찾는 이
없는 한적한 곳에
하늘 가림
갓 하나 쓰고
의젓이 우뚝 선
외진 숲속
홀로 버섯

참새 떼

하루를 정리할양
외진 당산의 고목에 모여
가납사니 입을 열어
남의 곡식 축내 살던
못된 그 짓 자랑삼아
왁자지껄 소란 피우더니
농부의 기침소리에
쥐죽은 듯 얼었다가

한뉘 미움 받는
그 천덕구니 모리배
한림의 찬바람 헤쳐
각기 비밀 둥지로
혼비백산 시나브로
꼬리 감추는 꼴이라니

새 떼

곤두박질치다
한 목소리 지르며
위험을 위협하며
치솟는 공동체

제각각이 아닌
한 목표를 향해
수십 수백 마리
낙오 없이 날 때
충돌 하나 없는 질서

이익 앞에
둘 이상이면
부딪는 인간
눈여겨 배울 일
아니던가

평돌 주워 술상 차려 놓고

왕성했던 시절 더듬다
한잔 생각나 계절에 맞게
곱게 차려입은
정자나무 등지고
평돌 주워 술상 차려놓고

홀로 낙엽인양 앉아
한 폭 그림이 되어
들판을 바라보니

빈 곳간 채워준
황금물결 그리웠던지
텅 빈 들녘에
황금비단 깔다가
귀뚜리 중창에 취해
술잔에 빠진 달을
차마 마실 수 없어
그냥 두고 조용히
돌아선 발길에
별 보석 하르르
쏟아지는 밤

그날이 오면

남의눈치 보지 말고
반세기 훌쩍 넘은
이 아픈 가시 띠
너, 나 따질 것 없이
칠천만의 슬기 모아
속히 걷어치우자

우뚝한 깃발 아래

한강 대동강도
백두산 한라산도
얼씨구나 춤을 추면
지구촌이 우러를
빛나는 아침나라
예아니겠냐

텁텁이 인생

김동수 시집

발 행 처 · 도서출판 청어
발 행 인 · 이영철
영　　업 · 이동호
홍　　보 · 이용희
기　　획 · 천성래
편　　집 · 방세화
디 자 인 · 이해니 | 이수빈
제작이사 · 공병한
인　　쇄 · 두리터

등　　록 · 1999년 5월 3일
(제1999-000063호)

1판 1쇄 인쇄 · 2019년 8월 20일
1판 1쇄 발행 · 2019년 8월 30일

주소 · 서울특별시 서초구 남부순환로 364길 8-15 동일빌딩 2층
대표전화 · 02-586-0477
팩시밀리 · 0303-0942-0478

홈페이지 · www.chungeobook.com
E-mail · ppi20@hanmail.net
ISBN · 979-11-5860-685-5(03810)

본 시집의 구성 및 맞춤법, 띄어쓰기는 작가의 의도에 따랐습니다.
이 책의 저작권은 저자와 도서출판 청어에 있습니다.
무단 전재 및 복제를 금합니다.

이 도서의 국립중앙도서관 출판시도서목록(CIP)은 서지정보유통지원시스템 홈페이지(http://seoji.nl.go.kr)와 국가자료공동목록시스템(http://www.nl.go.kr/kolisnet)에서 이용하실 수 있습니다.(CIP제어번호: CIP2019031802)